Les Belles HISTOIRES de mes 2 Ans

ISBN : 979-10-363-7865-2

18, rue Barbès – 92129 Montrouge – France
Dépôt légal : février 2025
Imprimé en France par Pollina - 500090A
Loi n°49-956 du 16 juillet 1949
sur les publications destinées à la jeunesse

Les Belles HISTOIRES de mes 2 Ans

Bayard Jeunesse

Sommaire

Sylvie Poillevé • Éric Battut

Le petit chasseur de bruits

C'est l'histoire d'un drôle de petit bonhomme,
un petit bonhomme haut comme trois pommes.
Ce drôle de petit bonhomme vit dans un pays
où les gens sont tristes parce qu'ils n'entendent aucun bruit.

Un jour, le petit bonhomme
haut comme trois pommes se dit :
« Je suis tout p'tit, d'accord, je suis pas fort,
d'accord, mais je vais quand même aller chercher
des bruits pour les offrir aux gens de mon pays. »
Il prend son sac, et il s'en va.

Le petit bonhomme marche
longtemps, longtemps,
quand… pfiou pfiou! pfiou pfiou!
il rencontre le vent :
– Bonjour, Vent! S'il te plaît,
donne-moi un petit peu de ton bruit
pour que je l'offre aux gens de mon pays.
– D'accord! dit le vent.

Pfiou pfiou!
Le vent souffle, souffle...
Vite, le petit bonhomme
attrape le bruit du vent,
il referme son sac, et il repart.

Le petit bonhomme
marche longtemps, longtemps,
quand... plic ploc! plic ploc!
il rencontre la pluie :
– Bonjour, Pluie!
S'il te plaît, donne-moi
un petit peu de ton bruit
pour que je l'offre
aux gens de mon pays.
– D'accord! dit la pluie.

Plic ploc! Plic ploc!
La pluie tombe, tombe…
Vite, le petit bonhomme
attrape le bruit de la pluie,
il referme son sac, et il repart.

Le petit bonhomme marche longtemps, longtemps, quand… baoum baoum ! baoum baoum !
il rencontre le tonnerre :
– Bonjour, Tonnerre ! S'il te plaît, donne-moi un petit peu de ton bruit pour que je l'offre aux gens de mon pays.
– D'accord ! dit le tonnerre.

Baoum baoum !
Le tonnerre gronde, gronde…
Vite, le petit bonhomme attrape
le gros bruit du tonnerre,
il referme son sac, et il repart.

À force de marcher, marcher,
le petit bonhomme finit par attraper
tous les petits bruits de la terre,
et quelques gros aussi.
Et plus il marche, plus il est content,
plus il se sent fort, plus il se sent grand.
Alors, il se met à rire, à rire de plaisir : – Hi hi hi!
Tiens, voilà un petit bruit rien qu'à lui!
Vite, vite, il le glisse dans son sac.

Quand le petit bonhomme revient dans son pays,
tout doucement, il entrouvre son sac,
et il laisse s'échapper un à un tous les bruits :

pfiou pfiou... plic ploc... baoum baoum !... hi hi hi !

Les gens du pays découvrent tous ces bruits,
et quand ils entendent le rire du petit bonhomme,
ils se mettent à rire aussi :
– Hi hi hi ! Ha ha ha ! Ho ho ho !
Le petit bonhomme haut comme trois pommes
est drôlement fier d'avoir offert son rire,
ce petit bruit rien qu'à lui, aux gens de son pays !

Jean-Charles Sarrazin

Je veux ma couche !

Poussin est déjà grand,
mais il a encore une couche.

Sa maman demande :
– Si tu allais sur le pot pour faire pipi ?
– Le pot ? s'étonne Poussin.
Moi, je veux ma couche pour faire pipi !

Maman Poule répond :
– Tu as raison, mon poussin. Mais un pot, c'est pratique : tu peux t'asseoir dessus et lire un livre.

Super
VERDETER

Et Maman Poule s'éloigne
pour ne pas déranger Poussin. Pour lire son livre,
Poussin, lui, préfère s'asseoir par terre.

Derrière un arbre,
Renard se lèche les babines :
« Mmm… quel joli poussin tendre et appétissant ! Je le croquerais bien. »

Et hop ! Renard attrape Poussin :
– Miam ! Je vais te manger !
– Attends ! crie Poussin. Je dois d'abord retirer ma couche, elle est toute mouillée.
– Oh ! là là ! Oui ! dit Renard.

Beuuurk !

Poussin ajoute :
– Veux-tu voir comme ma couche est lourde ?
En plus, elle sent le pipi !
– Aaahhh, non merci ! répond Renard. Beuurk !

Viiiiite !

Soudain, Poussin s'écrie : – Attends !
J'ai une TRÈS TRÈS grosse envie !
Viiiiite, il faut que j'aille sur le pot !

Renard s'impatiente : – Tu as bientôt fini ?
– Non, répond Poussin, je n'y arrive pas !
Tu peux m'aider ?
– Et comment ? demande Renard.
– En me lisant une histoire, dit Poussin.

Mmm!

Alors, Renard lit l'histoire de *Super Verdeter*.

– Ça y est, j'ai fini ! s'écrie Poussin.
– Enfin ! dit Renard. Je vais pouvoir te manger !

– Attends, dit Poussin, tu dois d'abord regarder dans le pot et dire « Bravo, mon poussin ! »

Renard regarde dans le pot et il dit :
– Brav… Beuuurk ! Oh non, finalement, je n'ai plus du tout faim.

Et Renard s'enfuit loin, très loin.

– Papa ! Maman ! s'écrie Poussin
très fier de lui. J'ai fait dans le pot !
– Bravo, mon poussin ! dit Maman Poule.

Sibylle Delacroix

Le gros rhume de Petit Éléphant

Hier soir, Petit Éléphant a mis beaucoup de temps à choisir, dans le réfrigérateur, entre un yaourt à la vanille et un yaourt à la fraise, et il a pris froid.

Très froid.

fermer la porte s.v.p !

Ce matin, Petit Éléphant est malade.
Il a un gros rhume et il a chaud, trop chaud.
Ce n'est pas du tout rigolo.

Petit Éléphant est prêt à tout pour se débarrasser du vilain rhume. Avec Papa, il apprend à se moucher pour de bon, et il est très fier. Il appelle ça «jouer de la trompette bouchée» même si, comparé à Papa, ce serait plutôt du pipeau.

Mais Petit Éléphant
a beau se moucher
encore et encore,
le rhume ne part pas.

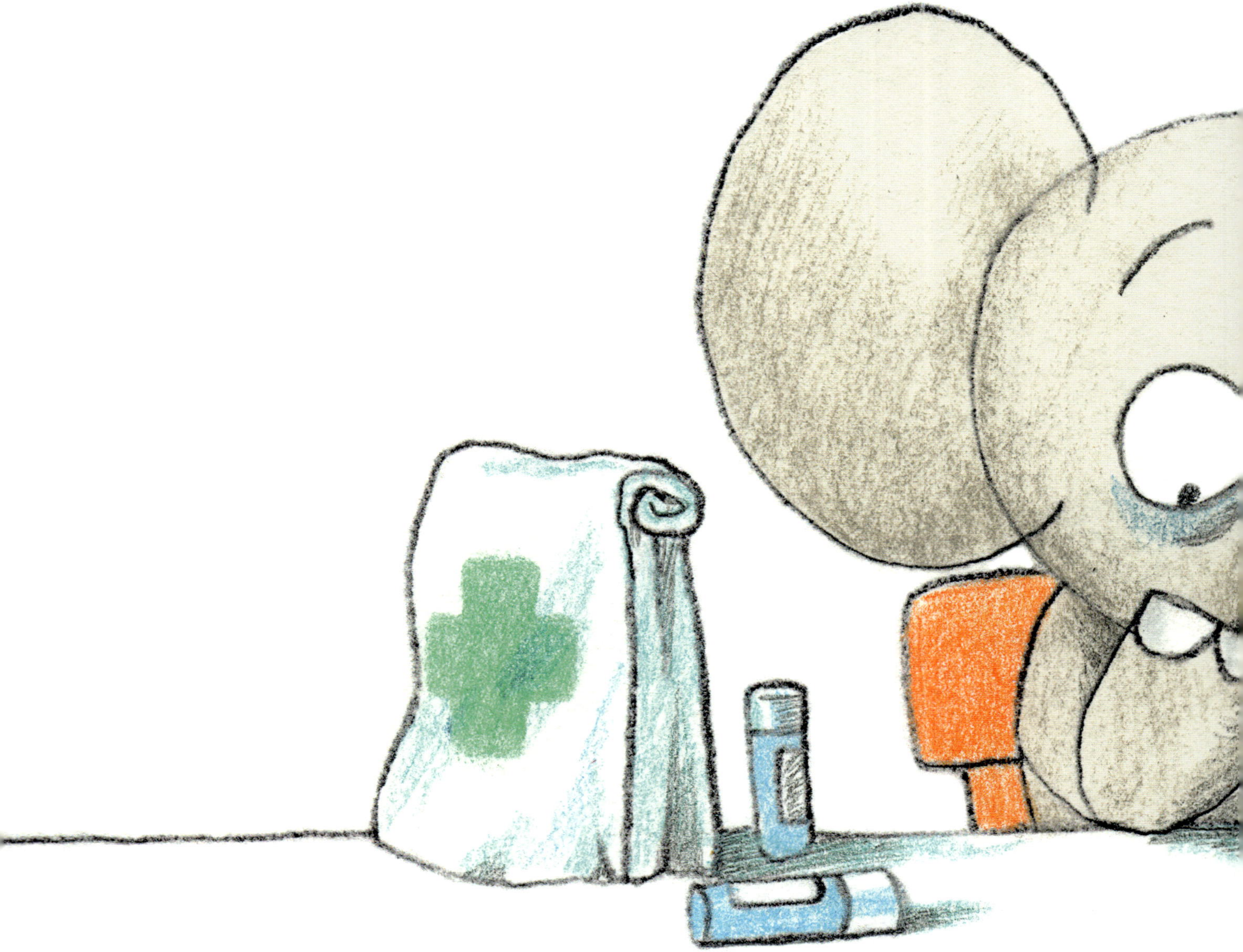

Alors, Petit Éléphant prend bien tous
les médicaments donnés par le docteur :
du sirop (pas à la grenadine),
des granules qu'il faut laisser fondre

dans la bouche comme une glace
(sauf que c'est moins bon), et de la crème
(pas au chocolat) pour déboucher la trompe.
Mais tout ça ne suffit pas.

Alors, Petit Éléphant
prend un bon bain bien chaud
comme lui conseille Mamie.

Mais rien à faire :
il a encore plus froid
en sortant de l'eau,
et le rhume est toujours là.

Alors, Petit Éléphant fait ce que lui dit Maman.

Tout d'abord, manger beaucoup de miel.
Mmm… c'est doux !
Petit Éléphant fait cela très bien
en regardant plein de dessins animés.

Ensuite, ne pas faire de bisous
pour ne pas donner ses microbes.
Ça, c'est dur !

Pourtant, c'est bizarre,
Maman n'arrête pas de lui en donner
(des bisous).
Elle lui fait même de gros câlins.

Et ça, ça marche !
Petit Éléphant a donné son rhume
à sa maman et à son papa.

Et maintenant,
Petit Éléphant est guéri !

Roland Nadaus • Guido Van Genechten

Loup Gouloup et la lune

Il était une fois un loup qui s'appelait Loup Gouloup. Ce qu'il désirait par-dessus tout, Loup Gouloup, c'était goûter les galettes qui cuisaient chez Madame Dupain, la boulangère !

Un soir, Loup Gouloup pointe le museau
sans se faire voir à la porte de la boulangerie.
Madame Dupain tient dans ses mains…
miam, miam ! une magnifique galette.

Loup Gouloup crie :
– Madame Dupain,
donne-moi cette galette !
Je compte jusqu'à trois…
et si, à trois, cette galette,
je ne l'ai pas…
hou là là !

Madame Dupain a tellement peur qu'elle se sauve et… hop! elle jette la galette en l'air.

La galette monte, monte, plus haut que les nuages, tout là-haut dans le ciel, et elle devient une lune toute ronde ! Loup Gouloup n'est pas content. Il hurle à la galette-lune : – Hou ! Hou !

Sept nuits plus tard, Loup Gouloup se glisse
dans la boulangerie sur la pointe des pieds.
Madame Dupain tient dans ses mains,
miam, miam ! une superbe galette.

Loup Gouloup crie :
– Madame Dupain, donne-moi cette galette !
Je compte jusqu'à trois,
et si, à trois, cette galette,
je ne l'ai pas… hou là là !

Madame Dupain a tellement peur
qu'elle se sauve et, hop !
elle jette la galette en l'air.
Cette fois-ci, Loup Gouloup bondit
et, cric-crac, il croque
la moitié de la galette.

La galette monte, monte, plus haut que les nuages, tout là-haut dans le ciel, et elle devient un croissant de lune ! Mais Loup Gouloup a encore faim.
Il hurle au croissant de lune : – Hou ! Hou !
Et, toutes les nuits, il continue de hurler.

BOULANGERIE

Sept nuits plus tard, Madame Dupain en a tellement
assez d'entendre Loup Gouloup hurler,
qu'elle sort une galette de son four,
et, hop ! elle la jette en l'air en criant :
– Attrape, Loup Gouloup !

Miam, miam ! Loup Gouloup se régale.
Cette nuit-là, il n'y a pas de lune
pour éclairer le ciel noir.
Loup Gouloup a mangé la lune tout entière !

Véronique Massenot • Virginie Guérin

Une pomme pour deux

Il était une fois, sur un pommier, une petite pomme que le soleil et la pluie, tour à tour, avaient fait grossir, grossir, **grossir…**

1

Un jour, deux petits vers
eurent la même idée :
s'installer dans la pomme !

Chacun de son côté creusa son entrée,
sa petite cuisine, son salon avec cheminée,
puis, à l'étage, sa chambre à coucher.

Hélas...
La pomme n'était pas si grosse,
et bientôt les deux petits vers
se trouvèrent nez à nez.

– Non mais ! Que faites-vous
dans **ma** chambre ? s'étonna le premier.
– Et vous ? répondit le second,
que faites-vous dans **mon** salon ?

Une dispute éclata aussitôt :
– J'étais là avant !
– Non ! C'était moi le premier !
– Menteur !
– Toi-même !

Les deux petits vers étaient si en colère
et ils s'agitaient tant et tant,
que la pomme tomba du pommier.

Elle se mit à rouler, rouler, rouler…

… Et **bang** !
La pomme, en roulant,
se fracassa contre une pierre.
Catastrophe ! Les deux petits vers
n'avaient plus de maison !

Par chance, tout près de là, ils aperçurent une belle poire dorée, dodue à souhait.
– Je l'ai vue le premier ! s'écrièrent-ils ensemble.
Et ils éclatèrent de rire.
– Allez, on creuse ? dirent-ils en chœur.

Pas de doute,
à deux,
tout est mieux !

Évelyne Reberg • Josse Goffin

Doudou est en colère

– Oh ! Simon est parti !
Son Doudou n'est pas content,
ah ! ça non !

Doudou fronce le museau, et il dit :
– Comment ? Comment ?
Simon a oublié de me prendre avec lui ?

Doudou est en colère. Il grandit, il grossit,
ses oreilles touchent le plafond...
Et, patatras! il renverse le lit.

Doudou est très en colère.
Il sort, et il donne
un grand coup de patte
dans la maison. Et, badaboum!
la maison roule loin, très loin.

Ouf ! Doudou va mieux.
Il s'assoit derrière la montagne.
Il dit : – Voilà, quand Simon reviendra,
il ne retrouvera ni son Doudou,
ni sa maison, ni rien !

Quand Simon revient,
il s’arrête, il regarde partout,
et il dit : – Mais où est ma maison ?

Simon se met à pleurer :
– Mon Doudou ! Où est mon Doudou ?
Je veux mon Doudou !

Derrière la montagne,
Doudou a tout entendu.
Il se dit : « Simon veut son Doudou ?
Il me veut, moi ?
Comme je suis content ! »

Alors, Doudou remet la maison
exactement où elle était.

Puis Doudou redevient tout petit.
Il s'assoit sur le lit, gentil, gentil.

Quand Simon rentre chez lui, il s'écrie :
– Mon Doudou, je suis si content de te retrouver !
Tu vois, je reviens toujours te chercher…
– Pfff, je le savais ! répond Doudou.

Pierre Oertel et Pauline Chamming's • Lerryn Korda

Le petit, tout petit hibou

Une nuit, dans la grande, très grande forêt, le petit, tout petit hibou se met à chanter.
« Coucou, coucou, roucoucou, Maman, t'es où ? »
Au sommet des arbres, au fond des terriers, résonne son « coucou ».

Sur sa branche perché,
le petit, tout petit hibou
continue de chanter :
« Coucou, coucou, j'ai faim, roucoucou. »
L'écureuil veille. Il sort de sa cachette,
et lui tend une noisette.

Le petit, tout petit hibou a mangé la noisette.
Il fait très noir dans la forêt,
et il faut bien du courage au petit, tout petit hibou
pour descendre de son arbre
à la recherche de sa maman.

Au pied de l'arbre, le hérisson veille.
Il lui dit : «Ta maman va bientôt rentrer
avec plein de bonnes choses à manger.»
Mais le petit, tout petit hibou
n'est pas rassuré.
Sur ses joues, de grosses larmes
commencent à couler :
«Coucou, coucou,
roucoucou, Maman t'es où ?»

En entendant ses pleurs, le renard sort de son terrier :
«Il est temps de rassembler la fanfare de la forêt.»
L'ourson sort son violon.
L'alouette astique sa trompette.
Le blaireau accorde son banjo.
Le lapin tape sur son tambourin.

Les animaux commencent
à jouer, à chanter, à danser.
Et le petit, tout petit hibou
se met à rigoler.

Do, ré, mi, fa, sol... c'est la farandole !
Les animaux jouent de plus en plus fort.
C'est une vraie fanfare, un gros tintamarre.
Et le petit, tout petit hibou se met à danser.

Le petit, tout petit hibou
demande au lapin :
«Coucou, coucou,
roucoucou, tu joues?»

Alors ils jouent à saute-hibou,
et ils s'amusent
comme des petits fous.

Mais au petit jour, les animaux sont bien fatigués.
Et la maman hibou n’est toujours pas rentrée.

Sur les joues du petit, tout petit hibou
les larmes se remettent à couler :
«Coucou, coucou, câlinou, Maman t'es où ?»

Alors dans le ciel de la forêt,
la maman hibou enfin apparaît.
Elle se met à chanter : «Coucou, coucou,
mon petit, tout petit hibou. J'ai mis du temps,
mais je t'ai apporté plein de roudoudous!»

Et la maman hibou
dit aux animaux de la forêt :
«Merci, merci, maintenant,
vous pouvez vous coucher les amis!»

C’est le matin dans la grande,
très grande forêt.
Le petit, tout petit hibou se met à bâiller.
Sa maman lui fait un gros câlin,
et il s’endort jusqu’au lendemain.

Jean-Charles Sarrazin

Non !

NON! NON!

Quand on lui dit
de prendre son bain,
de manger sa soupe,
d'aller faire pipi ou d'aller
se coucher dans son lit,
Mano répond toujours :
– **Non! Non!**

Ce soir-là, quand on lui dit :
– Allez, hop, au lit !
Mano dit : – Non ! Non !

Il prend sa couverture, son doudou et, avec son petit chien Padacor, il installe une cabane.

Et c'est là qu'il s'endort !

Mais au milieu de la nuit, Mano se réveille.
Il ne trouve plus son doudou ni son petit chien.
Mano file demander à Trompette :

– Tu n’as pas vu mon doudou?

– **Non! Non!** répond l’éléphant du bout de sa trompe.

NON! NON!

– Tu n'as pas vu mon doudou ?

– **Non ! Non !** répond la girafe en secouant la tête sur son long cou.

Avec Trompette et Chloé, Mano va voir Hector :
– Tu n'as pas vu mon doudou ?

– Non ! Non ! répond l'ours mal réveillé.

Alors, Mano demande :
– Vous voulez bien dormir
avec moi dans ma cabane ?
Mais tous, d'une seule voix, répondent :
– **Non ! Non ! Non !**

NON, NON, NON !

Mano se met à pleurer fort… très fort.

Padacor arrive aussitôt.
Et qu'est-ce qu'il rapporte ?
Le doudou de Mano.

Mais…
– Tu ne veux pas ton doudou ? s'étonne Chloé.
– **Non ! Non !** répond Mano.

– Veux-tu que je te lise une histoire ?
demande Trompette.
– **Non !** Et **Non !** répond Mano.
– Veux-tu… qu'on aille tous dans ton lit ?
demande Hector.

– Ouiiiiiii !!! s'écrie Mano.

Ouiiiiiii!!!

Et c'est ainsi que, cette nuit-là,
Mano s'est endormi dans son lit
avec tous ses amis… Oui ! Oui !

Les Belles HISTOIRES